John Crossingham et Niki Walker

Illustrations de Bonna Rouse

Traduction : Anne-Marie Gauthier pour Soludoc

La natation est la traduction de *Swimming in Action* de John Crossingham et Niki Walker (ISBN 0-7787-0351-7)

Catalogage avant publication de Bibliothèque et Archives nationales du Québec et Bibliothèque et Archives Canada

Crossingham, John, 1974-

La natation

(Sans limites)
Traduction de : Swimming in action.
Pour les jeunes de 8 à 12 ans.

ISBN 978-2-89579-231-4

1. Natation - Ouvrages pour la jeunesse. 2. Plongeon - Ouvrages pour la jeunesse.
I Walker, Niki, 1972- . II Titre. III. Collection: Sans limites (Montréal, Québec).

GV837.6.C7614 2009 j797.2'1 C2008-942555-3

Recherche de photos
Rebecca Sjonger
Jaimie Nathan
Remerciements particuliers à Evelyn Lebœuf, Kelly Bartok, Joshua Hales, Lindsey Potter, Karina Szczepanczyk, Paula Szczepanczyk, Morgan Washuta, Jason Helstrom, Margie Lizzotti, Annette Partridge, Sarah Smith, Eleanor Misener Aquatic Centre

Photos
Marc Crabtree : pages 10, 14 (en bas), 16, 20,22, 27, 20, 31 (en haut et en bas à gauche); Bobbie Kalman : page 14 (en haut)
Autres photos : Corbis Images, Digital Stock et PhotoDisc

Illustrations
Bonna Rouse

Nous reconnaissons l'aide financière du gouvernement du Canada par l'entremise du
Programme d'aide au développement de l'industrie de l'édition (PADIÉ) pour nos activités d'édition.

Conseil des Arts du Canada Canada Council for the Arts

Bayard Canada Livres Inc. remercie le Conseil des Arts du Canada du soutien accordé à son programme d'édition dans le cadre du Programme des subventions globales aux éditeurs.

Cet ouvrage a été publié avec le soutien de la SODEC.
Gouvernement du Québec – Programme de crédit d'impôt
pour l'édition de livres – Gestion SODEC.

Dépôt légal – 1e trimestre 2009
Bibliothèque nationale du Québec
Bibliothèque nationale du Canada

Direction : Andrée-Anne Gratton
Graphisme : Mardigrafe
Traduction : Anne-Marie Gauthier pour Soludoc
Révision : Pierre Corbeil pour Soludoc

4475, rue Frontenac
Montréal (Québec)
Canada H2H 2S2
Téléphone : (514) 844-2111 ou 1 866 844-2111
Télécopieur : (514) 278-3030
Courriel : edition@bayard-inc.com
Site Internet : www.bayardlivres.ca

Imprimé au Canada

Table des matières

Qu'est-ce que la natation ?

La natation est l'une des activités les plus appréciées dans le monde entier. Certaines personnes nagent pour faire de l'exercice. D'autres pour participer à des compétitions. Plusieurs le font pour le plaisir, tout simplement ! Peu importe les raisons, il est important pour toi d'apprendre à nager, car cela pourrait te sauver la vie !

Une longue histoire

Les gens nagent depuis des millénaires. Cependant, la natation n'est devenue un sport que vers les années 1800. Les compétitions de natation ont commencé en 1837, en Angleterre, et en 1888, aux États-Unis. La natation était l'un des sports présentés aux premiers Jeux olympiques modernes en 1896.

En mouvement

Avec le temps, les gens ont développé plusieurs styles de nage afin de se déplacer rapidement et facilement dans l'eau. Un style de nage combine les mouvements du tronc, des bras et des jambes avec un type de respiration. Dans les compétitions de natation, on trouve quatre styles de nage : la **nage libre**, la **brasse**, le **dos crawlé** et le **papillon**. Il existe deux autres styles de nage que l'on peut pratiquer dans ses loisirs : la **nage sur le côté** et le **dos élémentaire**. Tu en apprendras davantage sur ces styles plus loin dans ce livre. Lorsque tu apprends un style de nage, tu dois essayer de trouver la façon la plus efficace de bouger dans l'eau. Tes mouvements doivent te permettre d'avancer rapidement, avec le moins d'effort possible.

Apprends à nager dans une piscine

Plusieurs personnes aiment se baigner dans les étendues d'eau libre comme les lacs, les étangs et les océans, mais cela peut être dangereux. L'eau y circule souvent rapidement et forme des courants. Certains courants sont si forts qu'ils peuvent emporter les nageurs loin de la terre ferme. En eau libre, on trouve aussi parfois des courants sous-marins, qui peuvent entraîner une personne sous l'eau. Ne nage jamais en eau libre sans la supervision d'un adulte. Tu trouveras dans ce livre des conseils pour apprendre à nager dans une piscine.

Bienvenue à la piscine

Il y a toutes sortes de formes et de tailles de piscines. Toutefois, la plupart des piscines publiques sont rectangulaires, comme celle qui est illustrée sur la page de droite. Le fond du bassin comporte habituellement une pente afin qu'une extrémité soit plus profonde que l'autre. On trouve des piscines à l'intérieur comme à l'extérieur. Si certaines sont hors terre, c'est-à-dire installées sur la surface du sol, la plupart sont creusées dans la terre.

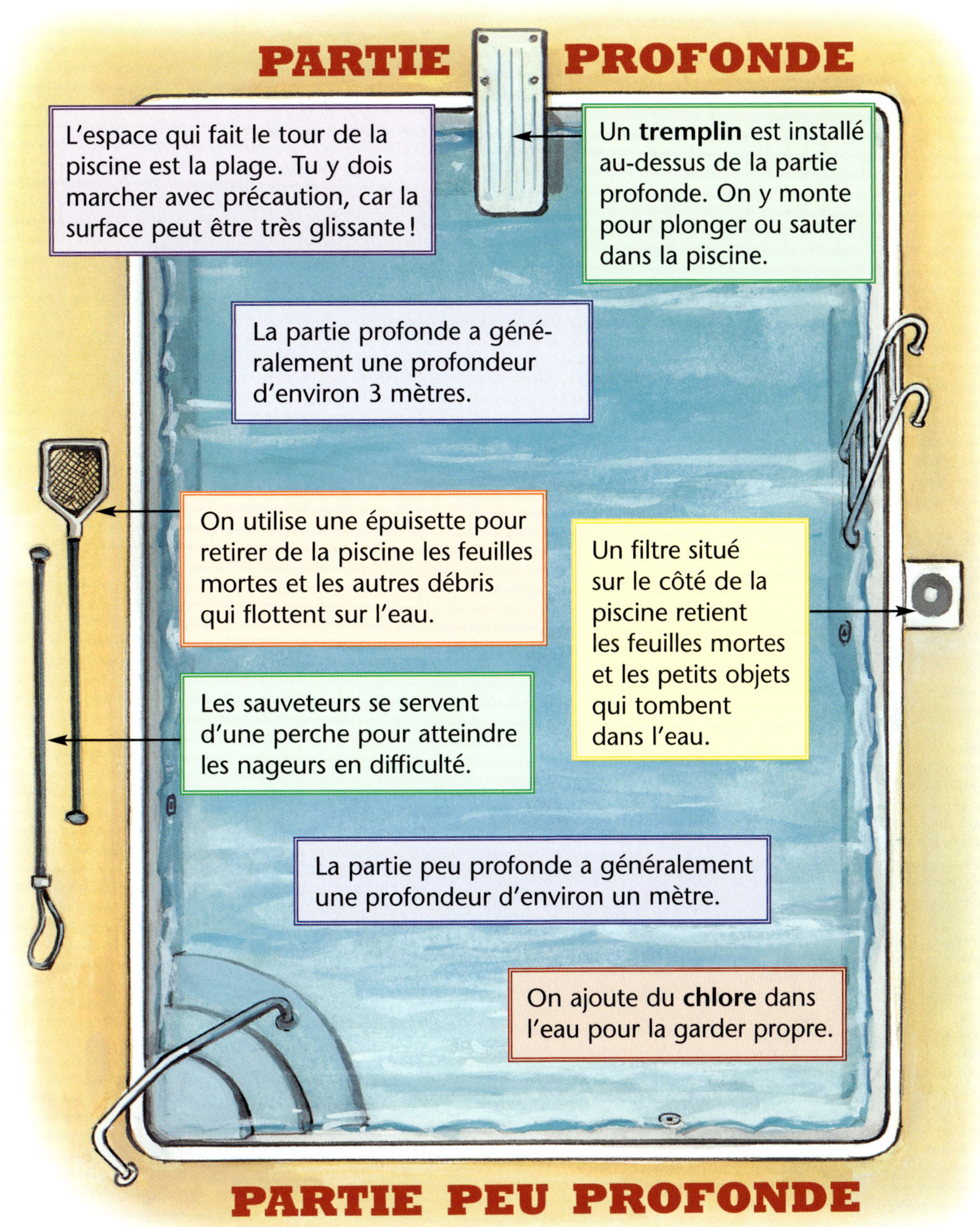
PARTIE PROFONDE
L'espace qui fait le tour de la piscine est la plage. Tu y dois marcher avec précaution, car la surface peut être très glissante!
Un **tremplin** est installé au-dessus de la partie profonde. On y monte pour plonger ou sauter dans la piscine.
La partie profonde a généralement une profondeur d'environ 3 mètres.
On utilise une épuisette pour retirer de la piscine les feuilles mortes et les autres débris qui flottent sur l'eau.
Un filtre situé sur le côté de la piscine retient les feuilles mortes et les petits objets qui tombent dans l'eau.
Les sauveteurs se servent d'une perche pour atteindre les nageurs en difficulté.
La partie peu profonde a généralement une profondeur d'environ un mètre.
On ajoute du **chlore** dans l'eau pour la garder propre.
PARTIE PEU PROFONDE

Règles et sécurité

Un après-midi agréable à la piscine peut être rapidement gâché par un accident. C'est pourquoi tu ne devrais jamais te baigner sans la surveillance d'un adulte qui sait nager, que ce soit à la piscine publique ou chez un ami. De plus, l'adulte qui te surveille devrait connaître les techniques de **premiers soins** et de réanimation cardio-respiratoire (ou **RCR**). On a recours à la RCR lorsqu'une personne ne respire plus à la suite d'un accident. Cette technique de réanimation peut aider une personne à recommencer de respirer.

Suis un cours de RCR !

Tu peux, toi aussi, suivre un cours de RCR et de premiers soins. Toutefois, assure-toi qu'il est donné par un instructeur qualifié. La Croix-Rouge et la plupart des centres de conditionnement physique locaux offrent ce genre de cours.

À la piscine publique, la surveillance doit être assurée en tout temps par au moins un sauveteur. Ce dernier vient en aide aux baigneurs en difficulté et fait en sorte que tout le monde s'amuse de façon sécuritaire, dans la piscine comme autour. Il faut toujours obéir aux sauveteurs !

En toute sécurité !

Peu importe l'endroit où tu nages, tu dois toujours respecter les règles qui servent à prévenir les accidents et à préserver la sécurité des baigneurs. À la piscine publique, ces règles sont affichées au mur. Assure-toi de les lire avant d'entrer dans l'eau et de toujours les respecter.

Regarde dans la piscine avant de sauter ! Ne saute jamais à proximité d'autres baigneurs. Tu pourrais heurter quelqu'un par accident.

N'enfonce jamais un autre baigneur dans l'eau ! Il est dangereux de retenir une personne sous l'eau, car celle-ci pourrait manquer d'air.

Ne pousse jamais une personne dans la piscine ! Elle pourrait se blesser en tombant dans l'eau de la mauvaise façon ou heurter un autre baigneur.

Ne cours jamais sur la plage ! La surface est habituellement mouillée, ce qui la rend glissante.

Les accessoires

Pour nager, tu n'as pas besoin de beaucoup d'accessoires. En fait, la plupart du temps, un maillot de bain et une serviette suffisent. Si tu te baignes dans une piscine extérieure, n'oublie pas de protéger ta peau avec un écran solaire efficace. Celui-ci devrait être résistant à l'eau et avoir un facteur de protection solaire, ou FPS, de 30 ou plus.

Il existe d'autres types d'accessoires pour faire de la natation. Certains d'entre eux sont conçus pour accentuer la forme allongée de ton corps. Les objets de forme allongée avancent plus facilement dans l'eau. D'autres accessoires rendent tout simplement la natation plus amusante.

Le maillot de bain

Il existe plusieurs styles de maillot de bain. Il est important de trouver un maillot qui te permettra d'être à l'aise dans toutes les positions. Peu importe le style de ton maillot, n'oublie pas de le rincer après une séance à la piscine, car le chlore abîme le tissu et en accélère l'usure.

Pour y voir clair

Les lunettes de nage te permettent de voir clairement sous l'eau. Elles sont particulièrement utiles dans une piscine, si les produits chimiques irritent tes yeux.

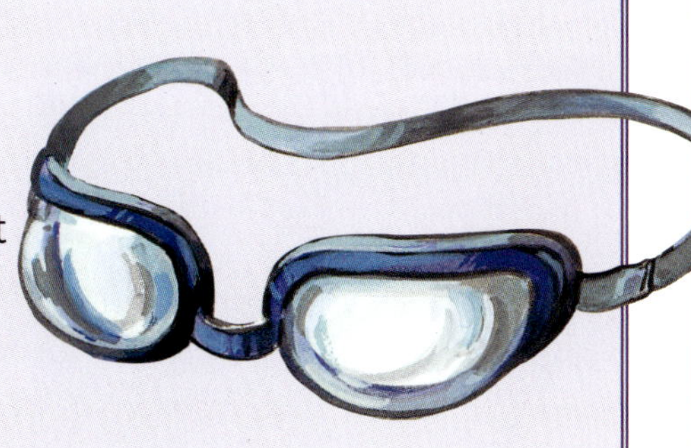

Pattes de grenouille

Ces larges palmes de caoutchouc s'enfilent sur les pieds. Elles servent à augmenter la force de tes battements de jambes pour que tu puisses nager plus facilement et rapidement. Lorsqu'on apprend à nager, porter des palmes est une bonne façon d'améliorer son style de battements de jambes.

Le bonnet de bain est un bonnet de caoutchouc ajusté qui sert à contenir les cheveux.

Certains nageurs portent un pince-nez pour empêcher l'eau d'entrer dans leur nez lorsqu'ils nagent.

Respirer sous l'eau

Le masque de plongée permet de voir sous l'eau. Contrairement aux lunettes de natation, il couvre le nez.

L'extrémité supérieure du **tuba** doit être au-dessus de l'eau pour que tu puisses respirer en laissant ton visage dans l'eau.

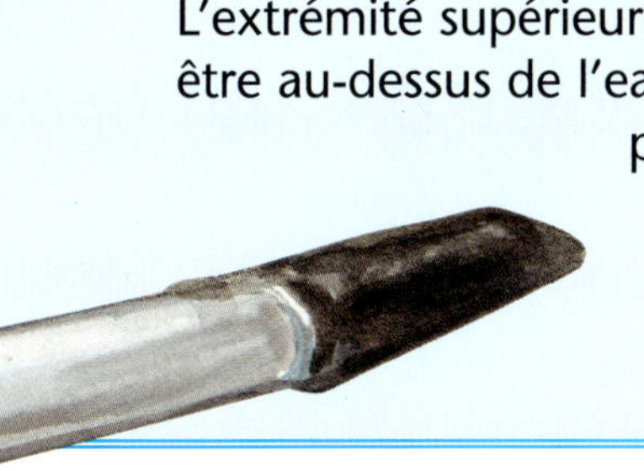

L'échauffement

La natation est un sport qui fait bouger tout le corps. Il est donc important de faire des étirements avant de sauter à l'eau. Cela permet d'échauffer les muscles afin d'éviter les blessures. Avant de nager, étire les muscles de tes jambes, de tes bras et de ton cou. Voici de bons exemples d'exercices d'étirement.

Rotation des chevilles

Assieds-toi au sol et allonge une jambe devant toi. Plie l'autre jambe de manière à pouvoir attraper ton pied. Fais tourner ton pied lentement, dix fois dans un sens, puis dix fois dans l'autre. Fais le même exercice pour l'autre pied.

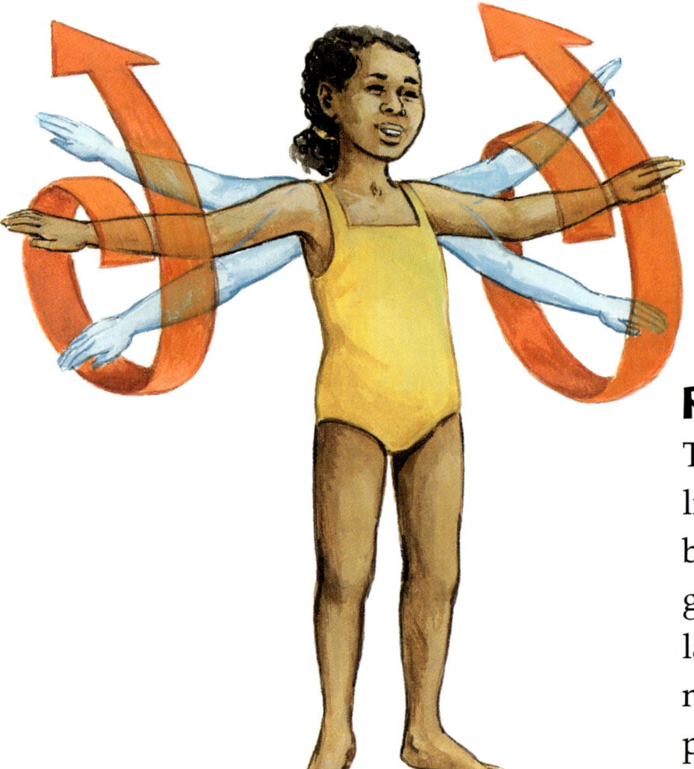

Rotation des bras

Tiens-toi debout en plaçant tes pieds en ligne droite avec tes épaules. Étends tes bras de chaque côté de ton corps et fais de grands cercles. Réduis graduellement la largeur des cercles jusqu'à ce que tes bras ne fassent plus que de très petits cercles. À présent, fais tourner tes bras dans l'autre sens en commençant par des petits cercles et en terminant par de grands cercles.

Flexion avant

Tiens-toi debout en gardant tes pieds légèrement éloignés l'un de l'autre. Penche-toi à partir de la taille et essaie de toucher tes orteils. Reste penché et va toucher les orteils de ton pied droit avec ta main gauche. Garde cette position pendant dix secondes. Ensuite, va toucher les orteils de ton pied gauche avec ta main droite et garde la position pendant dix secondes. Fais cet exercice dix fois de suite.

Étirement des quadriceps

Tiens-toi en équilibre sur le pied droit en appuyant ta main droite contre le mur. Plie ton genou gauche et attrape ton pied avec ta main gauche. Tire doucement sur ton pied jusqu'à ce que tu sentes le devant de ta cuisse s'étirer. Reste dans cette position pendant dix secondes, puis refais le même exercice avec l'autre jambe.

Rotation du cou

Il est facile de se blesser au cou, alors sois prudent en faisant cet exercice. Incline ta tête vers l'avant, le menton sur la poitrine. Tourne ta tête lentement en direction d'une épaule, puis de l'autre. Ne tourne jamais ta tête jusqu'en arrière ou dans une position qui n'est pas confortable.

À l'eau !

Il est normal de se sentir nerveux dans l'eau lorsqu'on apprend à nager. Avant même d'apprendre les styles de nage, tu dois passer du temps dans la piscine afin de t'habituer à l'eau et à la façon dont ton corps y bouge. Cela t'aidera à prendre de l'assurance. Reste dans la partie peu profonde de la piscine et assure-toi qu'un adulte se trouve à proximité.

Flotter

Lorsqu'on apprend à nager, la première étape consiste à apprendre à flotter. Dans la partie peu profonde de la piscine, étends-toi sur le dos à la surface de l'eau. Demande à un adulte de placer ses mains sous tes épaules. Respire lentement et profondément. Tu vas remarquer que ton corps flotte plus facilement lorsque tes poumons sont remplis d'air. Ne t'en fais pas si tes jambes et ton **torse** ne restent pas à la surface de l'eau. Tout le monde flotte différemment. Une fois que tu as réussi à flotter sur le dos et que tu es à l'aise dans cette position, retiens ton souffle et essaie de flotter sur le ventre en gardant ton visage dans l'eau. Si tu étends tes bras, cela t'aidera à flotter. Tourne-toi sur le dos, puis retourne sur le ventre.

Contrôler sa respiration

Apprendre à respirer correctement est une étape importante de l'apprentissage de la nage. Tu n'es pas obligé de retenir ton souffle longtemps. Tu dois simplement apprendre à contrôler le moment où tu inspires et où tu expires. Cela te facilitera la tâche plus tard, lorsque tu apprendras des styles de nage. Pour t'exercer à contrôler ta respiration, tu peux faire le bouchon. Agrippe-toi au bord de la piscine, prends une grande inspiration et laisse-toi couler graduellement sous l'eau. Laisse l'air sortir lentement de tes poumons en faisant des bulles avec ton nez et ta bouche. Reviens à la surface. Une fois que ta bouche est au-dessus de l'eau, prends une grande inspiration, puis laisse-toi couler de nouveau. Continue à faire le bouchon jusqu'à ce que tu n'aies plus besoin de penser à inspirer et à expirer.

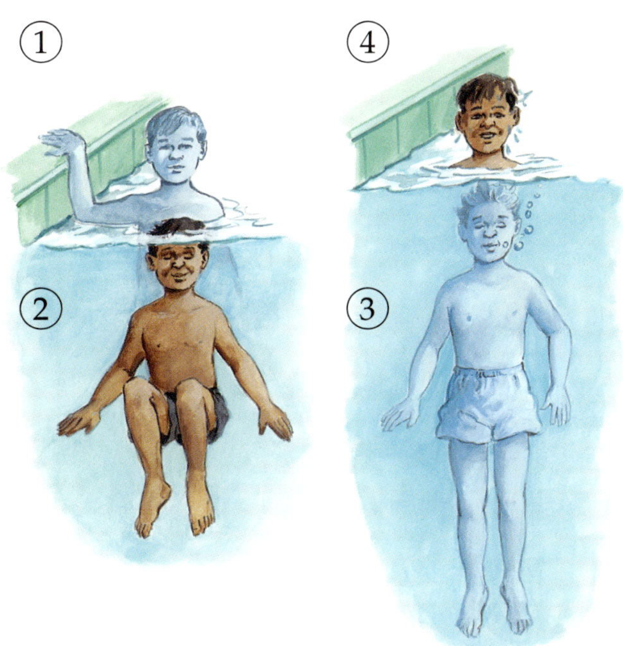

La technique du bouchon pourrait t'aider si jamais tu te retrouvais dans une partie de la piscine qui est trop profonde pour toi. Plutôt que de paniquer, fais le bouchon qui monte et qui descend entre la surface et le fond de l'eau. Chaque fois que tu touches le fond, pousse contre le sol avec tes pieds en te dirigeant vers la partie peu profonde.

Pédaler dans l'eau

Une fois que tu arrives facilement à flotter sur le dos, tu peux essayer de pédaler dans l'eau. Pédaler dans l'eau, c'est un peu comme courir sur place. Commence par faire cet exercice à un endroit où tes pieds peuvent toucher le fond de la piscine sans que l'eau dépasse tes épaules. Commence par bouger tes mains comme si tu étendais du beurre d'arachide sur deux tranches de pain en même temps. Les paumes de tes mains doivent être placées face à ton corps, de manière à pouvoir « repousser » l'eau. Ensuite, plie les genoux en direction de ton torse et pédale dans l'eau comme si tu étais à bicyclette.

Pédaler permet à ta tête de rester au-dessus de l'eau. Bouge tes jambes comme si tu étais à bicyclette.

C'est facile !

Une fois que tu es à l'aise dans l'eau, tu es prêt à essayer quelques techniques faciles pour te déplacer. Pour réussir ces techniques, tu devras flotter, faire des mouvements de bras simples et repousser l'eau avec des battements de jambes. N'oublie pas : plus tu gardes ton corps allongé, plus tu avances facilement et rapidement.

Glisser

Glisser dans l'eau, c'est tout simplement flotter en se déplaçant. Pour glisser, élance-toi du mur de la piscine, puis étends tes bras et tes jambes. Garde ton corps en position allongée afin de pouvoir glisser le plus longtemps possible avant de ralentir. Tu peux aussi essayer de glisser en plaçant tes bras le long de ton corps. Une fois que tu arrives à glisser sur le ventre facilement, essaie de le faire sur le dos.

Pour bien glisser dans l'eau, imagine que ton corps est une torpille et allonge-le au maximum.

Faire la godille

Certaines personnes ont plus de facilité que d'autres à flotter. Si tes jambes et ton torse s'enfoncent dans l'eau lorsque tu essaies de flotter sur le dos, tu peux faire la godille pour empêcher ton corps de couler. « Faire la godille » consiste à faire de légers mouvements de mains dans l'eau. Tes mains doivent s'éloigner de tes hanches puis revenir en faisant un mouvement en huit. Tu peux aussi faire la godille pour te déplacer.

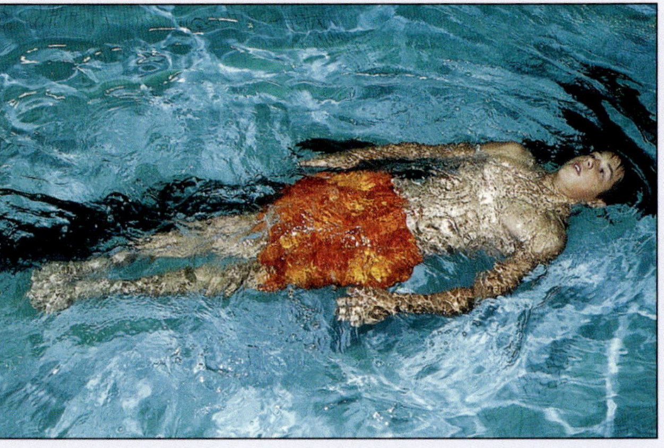

Pour avancer les pieds en premier, place tes doigts vers le bas. Pour avancer la tête la première, place tes doigts vers le haut.

Pour faire le battement de jambes ci-dessus, il faut utiliser un mouvement en alternance : pendant qu'un pied monte, l'autre descend.

Allez, les jambes !

La façon la plus facile de se propulser ou d'avancer dans l'eau, c'est de faire des battements de jambes. Tes jambes peuvent produire beaucoup d'énergie ! Exerce-toi à faire des battements en appuyant ta poitrine sur une planche, un spaghetti ou un autre type de flotteur. Si tu n'as pas de flotteur, agrippe-toi au rebord de la piscine et garde ton corps à l'horizontale.

Lorsque tu fais des battements, garde les jambes droites, mais détendues, et les chevilles souples. Fais des mouvements légers et réguliers. Ce n'est pas un concours d'arrosage ! Tu tireras plus d'énergie de tes jambes si tes chevilles se trouvent juste sous la surface de l'eau et que tes pieds viennent briser la surface.

Comme un petit chien

Pour les débutants, la nage « en petit chien » est une bonne façon de se déplacer dans l'eau. Tu cesseras d'utiliser cette méthode lorsque tu apprendras les styles de nage, mais elle t'aidera à prendre de l'assurance entre-temps.

Pour nager en petit chien, place tes mains de manière à ce que tes paumes soient face à tes pieds. Fais des cercles vers l'avant avec tes mains, comme si tu pédalais. Fais un mouvement de va-et-vient avec tes jambes et garde ta tête au-dessus de l'eau.

La nage libre

Une fois que tu contrôles ta respiration et que tu arrives à glisser et à nager en petit chien, tu es prêt à apprendre un premier style de nage : la nage libre ou le **crawl**. Le crawl est le style de nage le plus rapide et le plus répandu. Il est plus efficace lorsqu'on évite de sortir la tête de l'eau pour respirer, car sortir la tête de l'eau ralentit. Tu dois apprendre à tourner la tête et à prendre une respiration rapide pendant qu'un de tes bras est au niveau de ta hanche et que tu allonges l'autre dans l'eau, vers l'avant. Installe-toi dans la partie peu profonde de la piscine afin de t'exercer à synchroniser ta respiration avec le mouvement de tes bras.

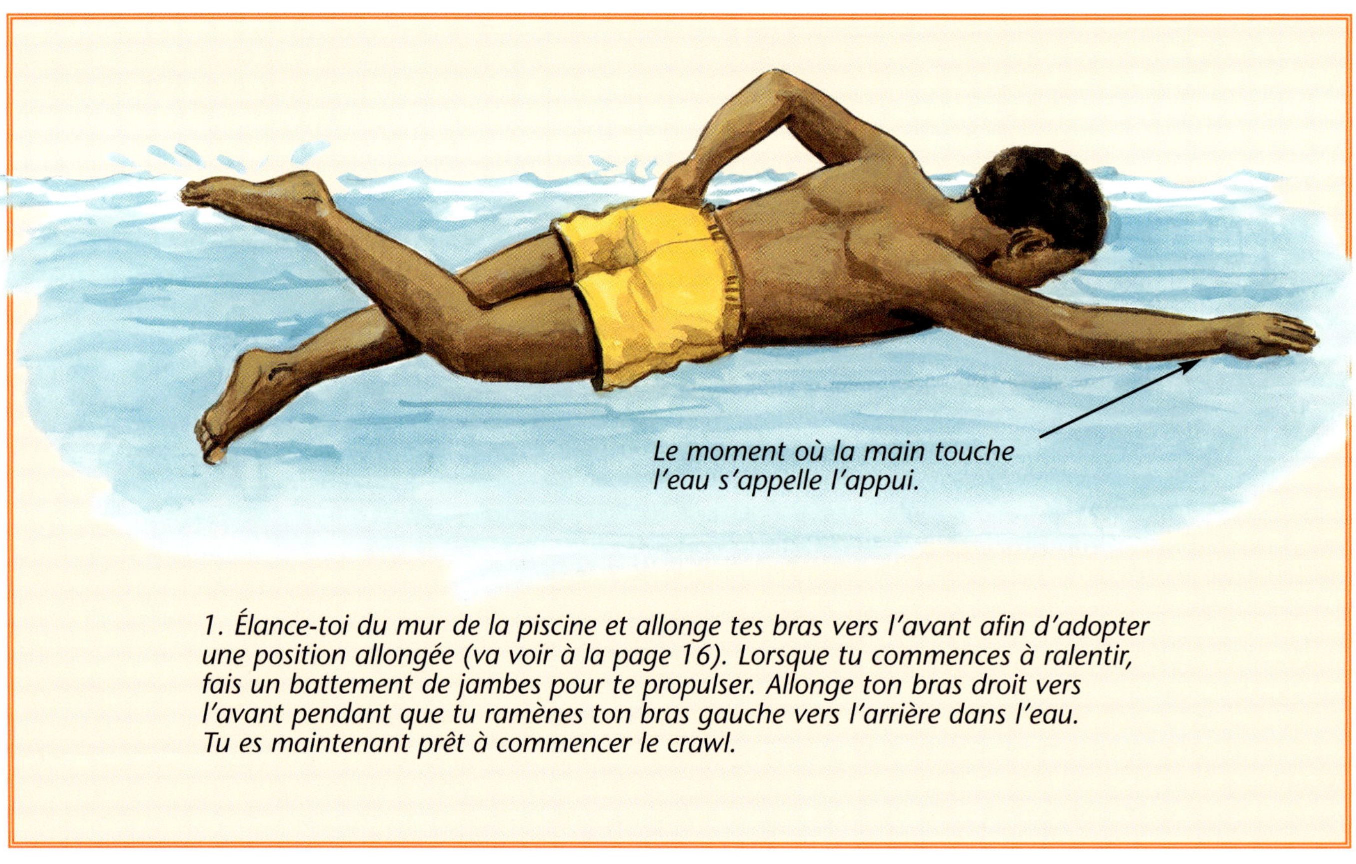

1. Élance-toi du mur de la piscine et allonge tes bras vers l'avant afin d'adopter une position allongée (va voir à la page 16). Lorsque tu commences à ralentir, fais un battement de jambes pour te propulser. Allonge ton bras droit vers l'avant pendant que tu ramènes ton bras gauche vers l'arrière dans l'eau. Tu es maintenant prêt à commencer le crawl.

2. Plie légèrement ton bras droit lorsqu'il entre dans l'eau. Imagine que tu utilises ta main droite pour attraper l'eau et la pousser derrière toi. En même temps, sors ton bras gauche de l'eau et ramène-le vers l'avant.

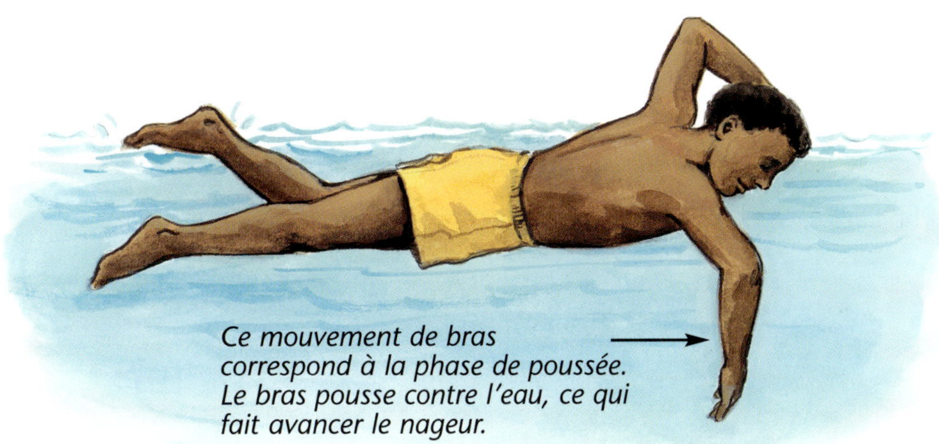

Ce mouvement de bras correspond à la phase de poussée. Le bras pousse contre l'eau, ce qui fait avancer le nageur.

3. Au même moment où ton bras gauche entre dans l'eau, ton bras droit sort de l'eau à la hauteur de ta hanche. Ton corps roule légèrement lorsque tu lèves ton bras. C'est un moment idéal pour prendre une respiration, puisque ton visage est hors de l'eau.

Tu ne glisses pas en faisant le crawl. Tes bras et tes jambes sont constamment en mouvement.

4. Ton bras droit se déplace dans l'air pendant que ton bras gauche pousse contre l'eau. N'oublie pas de continuer les battements de jambes. Essaie de garder tes jambes relativement droites et d'amorcer les battements à partir des hanches plutôt que des genoux.

Ce mouvement de bras correspond à la phase de récupération. Le bras revient dans l'eau pour amorcer une autre phase de poussée.

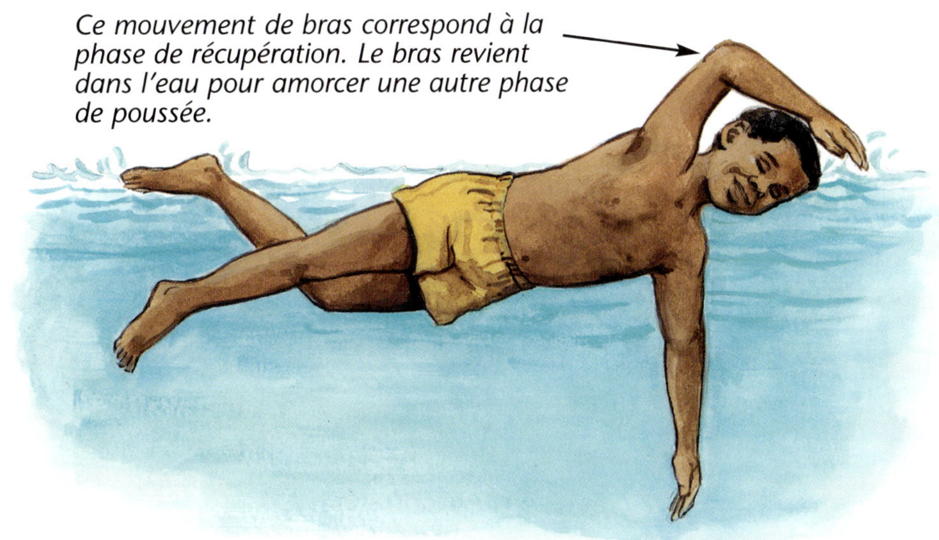

La nage sur le dos

Il existe deux styles de nage sur le dos : le dos élémentaire et le dos crawlé. Tu auras peut-être plus de facilité à apprendre les styles de nage sur le dos que le crawl puisque, sur le dos, ton visage est hors de l'eau et tu peux respirer à ta guise.

Élémentaire, mon cher...

Le dos élémentaire est facile à exécuter. Tu peux nager sur le dos pour le plaisir ou lorsque tu te sens fatigué. C'est un style de nage plus lent et moins exigeant que les autres. Pour faire le dos élémentaire, commence par te placer sur le dos. Glisse tes mains le long de ton corps jusqu'à tes oreilles. Tourne tes mains vers le haut en les refermant légèrement. Sans les sortir de l'eau, amène-les jusqu'au dessus de ta tête. Tends tes bras légèrement et tourne tes mains de côté. Descends tes mains en direction des hanches, de façon à ce que tes bras fassent un grand mouvement en courbe. Tu peux maintenant ajouter le mouvement des jambes. Dans le dos élémentaire, on appelle le mouvement des jambes un **coup de pied fouetté** (voir photo ci-dessus).

Le dos crawlé

Pour exécuter le dos crawlé, tu dois combiner des mouvements de bras en alternance avec des battements de jambes. Pendant qu'un bras est hors de l'eau, l'autre te propulse dans l'eau.

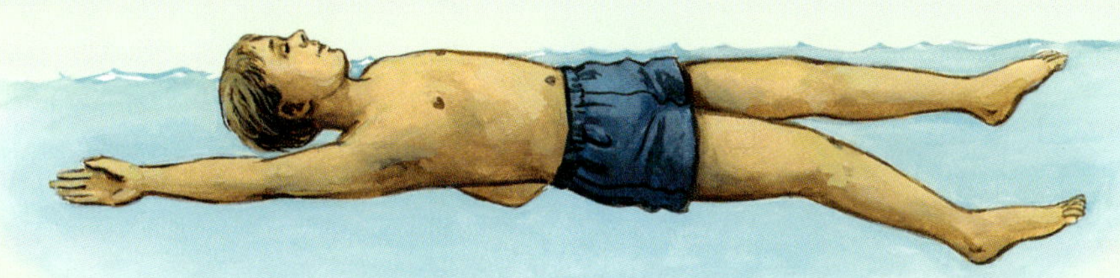

1. Place-toi sur le dos et commence à faire des battements de jambes. Sors ta main droite de l'eau. En commençant par le petit doigt, allonge ton bras directement au-dessus de ta tête, puis ramène ton bras dans l'eau en abaissant ton épaule droite.

2. Une fois que ta main droite est complètement dans l'eau, plie ton coude et repousse l'eau avec la paume de ta main. Au même moment, sors ton bras gauche de l'eau.

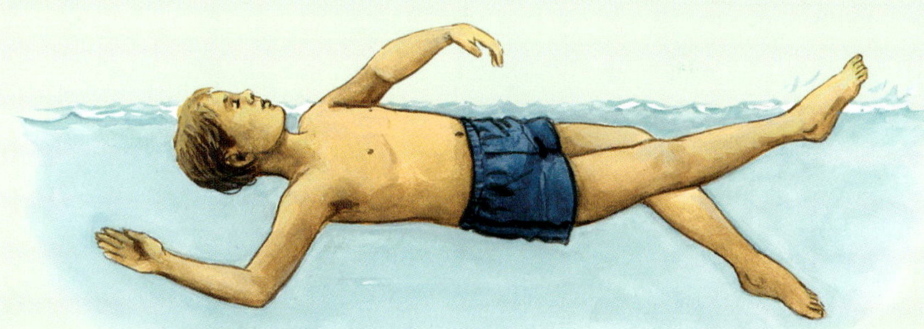

3. Continue de repousser l'eau avec ta main droite. Commence à incliner ton corps de l'autre côté et allonge ton bras gauche. Amène-le au-dessus de ta tête, puis dans l'eau. Essaie d'éviter le « rattrapage » qui se produit lorsqu'un bras bouge plus rapidement que l'autre et que les deux mains se retrouvent au niveau des hanches en même temps.

La brasse

Dans la brasse, il n'y a pas de mouvements en alternance comme dans le crawl. Les deux bras et les deux jambes bougent en même temps.

Tes bras et tes jambes restent toujours dans l'eau. La brasse n'est pas un style de nage aussi rapide que le crawl, mais elle te permet de regarder devant toi pendant que tu nages.

La brasse convient bien à la nage sous l'eau, car on peut regarder facilement devant et autour de soi sans que les bras nuisent au champ de vision.

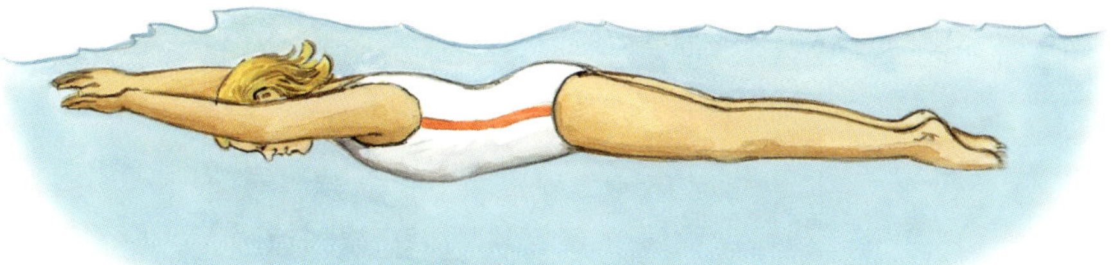

1. Place-toi en position allongée en étendant tes bras et tes jambes. Mets ton visage dans l'eau.

2. En faisant un mouvement circulaire, ouvre tes bras vers l'avant, puis amène-les sur le côté en pliant les coudes et en dirigeant tes mains vers le bas. Au même moment, commence à soulever tes jambes et à sortir ta tête et tes épaules de l'eau.

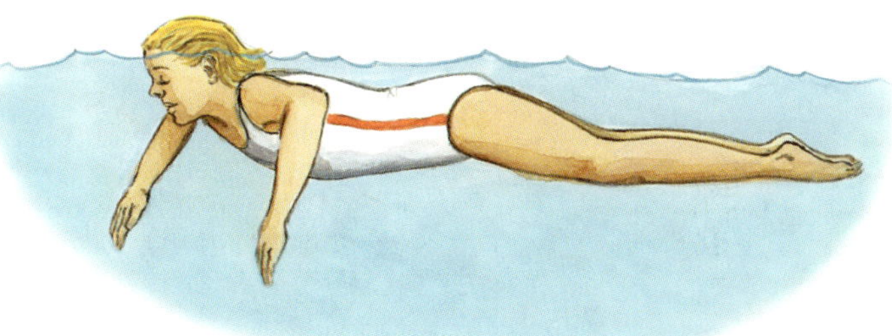

3. Sors ta tête et tes épaules de l'eau et prends une respiration. Garde tes coudes pliés et place tes mains ensemble. Plie les genoux et dirige tes hanches vers le bas. Soulève le bas de tes jambes de façon à ce que la plante de tes pieds se trouve juste sous la surface de l'eau. Propulse ton corps vers l'avant à l'aide d'un coup de pied fouetté.

4. Une fois que tu as fait un coup de pied fouetté, ramène tes jambes ensemble en position allongée. Étends tes bras devant toi en plaçant tes mains ensemble. Laisse-toi glisser pendant un moment, puis refais les mouvements de brasse.

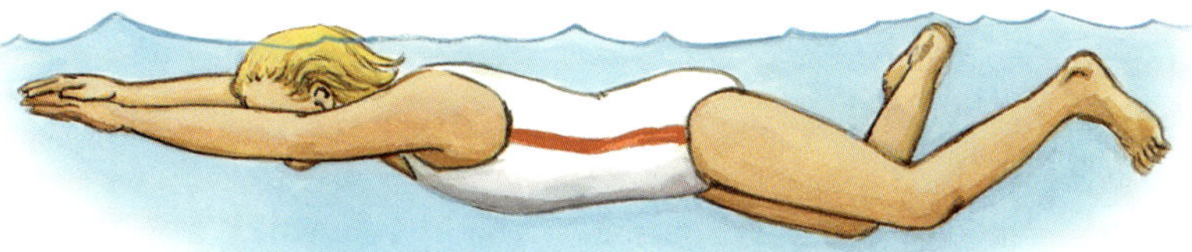

La nage sur le côté

La nage sur le côté est un style détendu. Il est facile de respirer puisque le nez et la bouche demeurent hors de l'eau. Dans la nage sur le côté, tu dois utiliser le battement en ciseaux, qui se fait en deux parties : un battement, puis un glissement. Le mouvement en « ciseaux » de tes jambes te propulse vers l'avant. Plus ton battement est puissant, plus tu peux glisser longtemps.

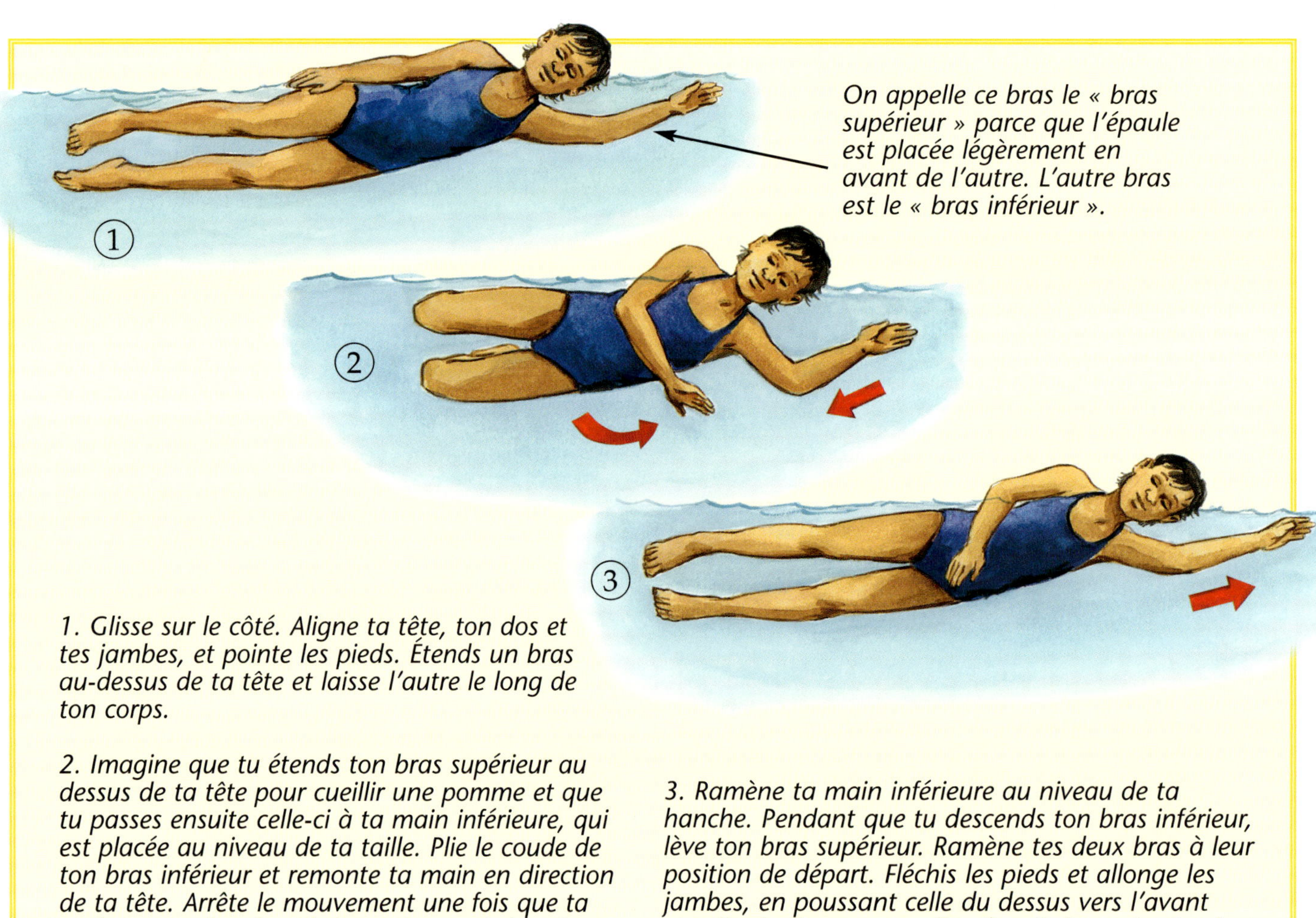

On appelle ce bras le « bras supérieur » parce que l'épaule est placée légèrement en avant de l'autre. L'autre bras est le « bras inférieur ».

1. Glisse sur le côté. Aligne ta tête, ton dos et tes jambes, et pointe les pieds. Étends un bras au-dessus de ta tête et laisse l'autre le long de ton corps.

2. Imagine que tu étends ton bras supérieur au dessus de ta tête pour cueillir une pomme et que tu passes ensuite celle-ci à ta main inférieure, qui est placée au niveau de ta taille. Plie le coude de ton bras inférieur et remonte ta main en direction de ta tête. Arrête le mouvement une fois que ta main est rendue dans le haut de ta poitrine. Pendant que tu bouges tes bras, remonte tes talons vers tes fesses. Garde tes hanches vers l'avant.

3. Ramène ta main inférieure au niveau de ta hanche. Pendant que tu descends ton bras inférieur, lève ton bras supérieur. Ramène tes deux bras à leur position de départ. Fléchis les pieds et allonge les jambes, en poussant celle du dessus vers l'avant et celle du dessous vers l'arrière. Referme tes jambes rapidement comme les lames d'un ciseau, puis reviens à la position de glissement.

Le papillon

Le papillon, illustré à droite, est un style de nage très difficile. Il demande plus d'énergie que les autres. Cependant, si tu aimes relever des défis, tu peux essayer le papillon une fois que tu es à l'aise avec les autres styles de nage. Certains nageurs doivent s'exercer beaucoup pour réussir à synchroniser correctement le mouvement des bras et des jambes dans ce style de nage.

1. Plie légèrement les coudes et enfonce tes bras dans l'eau. En même temps que tu descends tes bras, tu élances tes jambes vers le haut. Enfonce tes bras dans l'eau et sous ton corps en repoussant l'eau avec les paumes.

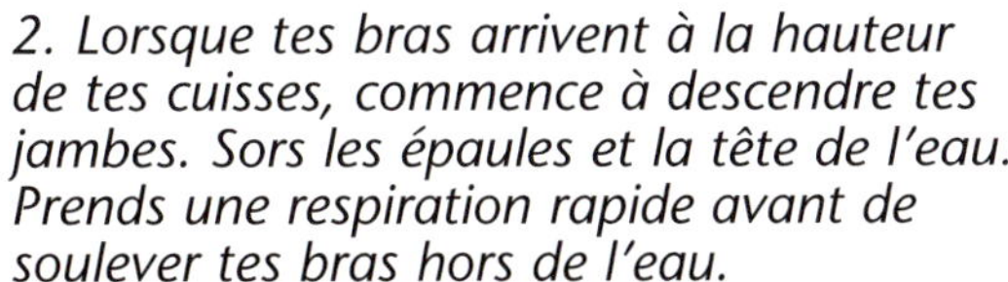

2. Lorsque tes bras arrivent à la hauteur de tes cuisses, commence à descendre tes jambes. Sors les épaules et la tête de l'eau. Prends une respiration rapide avant de soulever tes bras hors de l'eau.

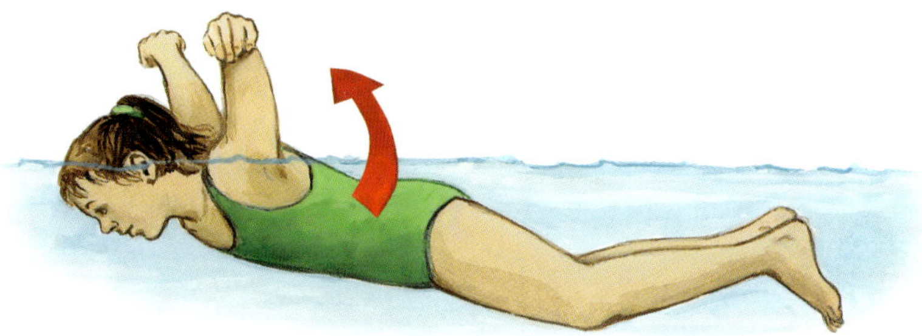

3. Une fois que tes bras sont complètement sortis de l'eau, commence à replonger la tête et les épaules dans l'eau. Enfonce de nouveau tes bras dans l'eau et élance tes jambes vers le haut.

Sauter et plonger

Sauter à l'eau peut être aussi amusant que nager ! Toutefois, il faut le faire à un endroit sûr. Il ne faut jamais sauter ni plonger dans la partie peu profonde d'une piscine. Plonger consiste à sauter à l'eau la tête la première. Il existe plusieurs façons de sauter à l'eau, mais essaie d'éviter d'atterrir sur le ventre. Ça fait mal !

Vérifie qu'il n'y a personne à l'endroit où tu veux sauter avant de t'exécuter !

Pour faire une entrée à l'eau remarquée et produire beaucoup d'éclaboussures, tu peux faire la bombe ! Il suffit de sauter à l'eau en te mettant en boule et en tenant tes genoux.

Pour garder ta tête hors de l'eau, étends tes bras de chaque côté, plie tes genoux et saute en faisant un grand pas vers l'avant. Tu dois avoir une jambe devant l'autre et les genoux pliés en touchant l'eau. Cette position de bras et de jambes te permettra de garder la tête et les épaules hors de l'eau.

La tête la première

Tu dois faire preuve de prudence en plongeant. Autrement, tu pourrais heurter le fond de la piscine avec ta tête et te blesser sérieusement. Assure-toi de plonger à un endroit dont tu peux voir le fond et où la profondeur de l'eau est d'au moins 2,4 mètres. Tes bras doivent toujours être au-dessus de ta tête, de sorte que tes doigts touchent l'eau en premier.

Le plongeon à fleur d'eau

Tu devrais apprendre à plonger avec un instructeur qualifié, et à un endroit où l'eau est profonde et claire. Parmi les nombreux types de plongeon, le **plongeon à fleur d'eau** est celui qui convient le mieux aux débutants. Installe-toi en position assise ou à genoux sur le bord de la piscine. Tu dois être totalement à l'aise avec le plongeon dans cette position avant d'essayer la position debout.

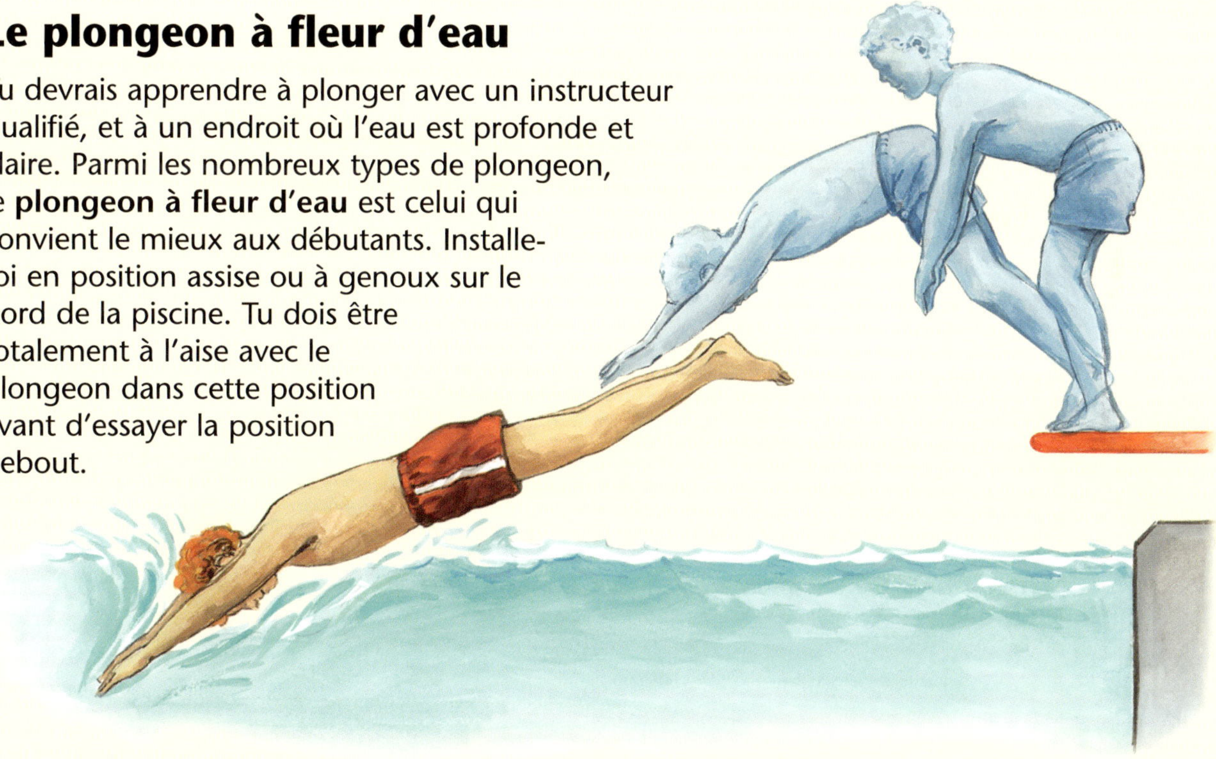

Pour faire un plongeon à fleur d'eau en position debout, replie tes orteils sur le rebord de la piscine et plie les genoux. Penche-toi et élance tes bras vers l'avant. Ramène tes bras ensemble et rentre la tête. Au même moment, élance-toi du bord de la piscine en poussant vigoureusement avec tes jambes. Allonge tes jambes et pointe les pieds. Tes mains doivent entrer dans l'eau en premier, suivies de tes bras et de ta tête.

Les courses

Les courses de natation peuvent avoir lieu en eau libre, à l'extérieur, ou dans une piscine, à l'intérieur. Les courses en eau libre se font dans les lacs et les océans. Elles font souvent partie d'une épreuve qu'on appelle le triathlon. Les athlètes qui participent à ce genre d'épreuve doivent faire de la nage, de la course à pied et du vélo à l'extérieur. Alors que la plupart des piscines ont une longueur de 23 mètres, celles qui servent aux courses de natation aux Jeux olympiques font 50 mètres de long. Les nageurs peuvent participer à des épreuves individuelles ou par équipe.

Chaque épreuve, ou course, de natation est nommée selon la longueur à parcourir et le style de nage utilisé, par exemple le 100 mètres dos ou le 400 mètres nage libre. Le **quatre nages** est la seule épreuve qui combine plus d'un style. Les nageurs font une longueur de papillon, une longueur de dos, une longueur de brasse et une longueur de nage libre.

Les nageurs doivent rester dans leur couloir. S'ils le quittent, ils sont disqualifiés ou forcés d'abandonner la course.

Que la meilleure équipe gagne!

Il existe deux types de courses par équipe. Dans certaines épreuves, chaque membre de l'équipe fait une course individuelle et obtient des points en fonction de son temps et de son classement individuels. On fait ensuite le total des points individuels pour chaque équipe, et c'est l'équipe dont le total est le plus élevé qui remporte la course. Les équipes peuvent aussi participer à des **courses à relais**, comme le 4 x 100 m nage libre. Dans cette épreuve, le « 4 » correspond au nombre de nageurs dans chaque équipe, et le 100, au nombre de mètres que chaque nageur doit parcourir. Dès que le premier membre de l'équipe a terminé de parcourir la distance requise, le deuxième plonge à l'eau et fait de même, et ainsi de suite.

Les courses de natation en eau libre comptent parfois des centaines de participants.

Un bon départ

Toute course commence par un compte à rebours fait par un officiel ou une machine. Lorsqu'un nageur plonge avant la fin du compte à rebours, il s'agit d'un faux départ. Lorsqu'un nageur fait deux faux départs de suite, il est disqualifié de la course. À la fin du compte à rebours, les nageurs font un plongeon à fleur d'eau et se laissent glisser avant de commencer à nager.

Le départ des nageurs se fait à partir d'une plateforme appelée « bloc de départ ». Lorsqu'ils entendent le signal, les nageurs s'élancent en poussant sur leurs jambes.

Un virage important

Lorsqu'ils arrivent au bout de leur couloir, les nageurs doivent faire un virage afin de revenir dans l'autre sens. Ils n'ont pas beaucoup de place dans leur couloir pour changer de direction. Pour éviter de perdre du temps précieux, ils doivent exécuter leur virage parfaitement. Dans les courses de nage libre, les nageurs font une espèce de culbute sous l'eau pour changer de direction.

Les jeux

La piscine est un endroit idéal pour s'amuser, à condition de le faire prudemment ! On peut faire plusieurs jeux dans une piscine, et la plupart requièrent peu ou pas du tout d'accessoires. Tu peux inventer des jeux avec tes amis ou t'inspirer des idées qui sont présentées ici.

Marco Polo

Ce classique des jeux de piscine se joue à trois personnes ou plus. Dans ce jeu, le joueur désigné doit garder les yeux fermés et tenter de toucher un autre joueur afin que celui-ci devienne, à son tour, le poursuivant. Le joueur désigné crie « Marco ! », et les autres joueurs répondent « Polo ! » Le joueur désigné suit le son de leur voix pour tenter de repérer un joueur et le toucher.

Au fond !

Pour t'exercer à nager sous l'eau, laisse tomber des objets dans le fond de la piscine. Choisis des objets qui ne flottent pas et ne sont pas trop fragiles. Joue à ce jeu avec un ami. Allez chercher les objets à tour de rôle et comptez le temps que chacun a pris pour le faire afin de déterminer lequel de vous deux est le plus rapide.

Au jeu !

Comme les ballons gonflables flottent sur l'eau, ils sont parfaits pour s'amuser dans la piscine. Tu peux, entre autres, jouer au basketball. Installe un flotteur de chaque côté de la piscine, sur le bord, et essaie de les renverser avec le ballon.

Water-polo

Le water-polo est un sport olympique pratiqué autant par les hommes que par les femmes. Cela ressemble un peu à du soccer, mais dans l'eau. Les joueurs utilisent leurs mains plutôt que leurs pieds pour tirer le ballon et faire des passes. Il faut être en excellente forme physique pour réussir à passer et à attraper un ballon tout en nageant de manière à éviter ses adversaires.

Glossaire

brasse Style de nage avec glissement, exécuté avec le visage dans l'eau

chlore Produit chimique utilisé pour éliminer les bactéries dans l'eau et la garder propre

coup de pied fouetté Un mouvement de pieds dans lequel le nageur ramène ses talons vers ses fesses, ouvre les genoux et les talons, tourne ses pieds vers l'extérieur et les ramène vers le bas en gardant les chevilles collées

crawl Autre nom donné à la nage libre

dos Style de nage faisant appel à des mouvements de bras et de jambes continus, exécutés sur le dos et avec le visage hors de l'eau

dos élémentaire Style de nage avec glissement qui est exécuté sur le dos, avec le visage hors de l'eau

nage libre Style de nage faisant appel à des mouvements de bras et de jambes continus, exécutés avec le visage dans l'eau

nage sur le côté Style de nage exécuté en plaçant son corps sur le côté

papillon Style de nage très dynamique qui imite les battements d'ailes du papillon

plongeon à fleur d'eau Plongeon exécuté tout près de la surface de l'eau

premiers soins Soins administrés à une personne blessée ou malade en attendant l'arrivée des services médicaux d'urgence

quatre nages Course de natation qui combine plusieurs styles de nage, habituellement le papillon, le dos, la brasse et la nage libre

RCR Ou réanimation cardio-respiratoire ; technique utilisée pour réanimer une personne qui ne respire plus ou dont le cœur a cessé de battre

relais Course par équipe dont les différentes étapes sont exécutées par un membre différent de l'équipe

torse La partie du corps humain à laquelle les bras, les jambes et la tête sont attachés

tremplin Planche flexible sur laquelle on monte pour sauter ou plonger dans l'eau

tuba Tube en forme de J qui permet de respirer tout en ayant la tête sous l'eau.

Index